빛을 불러

빛을 불러

초판 1쇄 발행 2024년 2월 7일

지은이 보은 이현재
펴낸이 장길수
펴낸곳 지식과감성#
출판등록 제2012-000081호

교정 이주연
디자인 오정은
편집 오정은
검수 이주희, 정윤솔
마케팅 김윤길, 정은혜

주소 서울시 금천구 벚꽃로298 대륭포스트타워6차 1212호
전화 070-4651-3730~4
팩스 070-4325-7006
이메일 ksbookup@naver.com
홈페이지 www.knsbookup.com

ISBN 979-11-392-1601-1(03810)
값 12,000원

- 이 책의 판권은 지은이에게 있습니다.
- 이 책 내용의 전부 또는 일부를 재사용하려면 반드시 지은이의 서면 동의를 받아야 합니다.
- 잘못된 책은 구입하신 곳에서 바꾸어 드립니다.

지식과감성#
홈페이지 바로가기

빛을 불러

짙은 어둠 뒤에 오는
새벽은 늘 희망적이다

이현재 지음

《빛을 불러》 시집 출간 및 음원 발매

시집 《빛을 불러》에 참여한 모든 분들께 진심 어린 감사의 말씀을 전하며
노래 《빛을 불러》를 사랑해 줄 모든 분들도 더불어 행복하길 바란다.

진심과감성

목차

1부
홀로 핀 꽃, 숨어서 핀 꽃

그날	10	숨어서 피는 꽃	33
그땐 그랬어요	11	어디 한번	35
꽃무릇	13	어떤 말로	37
꿈빛 스카프	14	어지러움	39
나 이제 1	15	연심	41
나 이제 2	17	우리	43
대반란	19	유월의 어느 날	44
동백의 반란	20	직립의 인간	45
들꽃	22	진달래	47
몹쓸 궁금증	23	카페의 열기	48
미학	25	하늘 바다	50
벽	27	해 따라 피는 꽃	52
부토니에르	28	혼선	54
사랑으로 기억하길	30	홀로 핀 꽃	56
소녀의 우물	32	홍시	57

2부

태양 빛 수채화에 담은 그리움

간이역 ············ 60
거울 ············ 61
겨울 나목 ············ 63
그래서 ············ 64
길 잃은 갈매기 ········ 65
나 그대 ············ 66
내 스무 살의 반만 채우고
떠난 사람아 ············ 68
누구를 위하여 ········ 69
눈물 ············ 70
바람의 벽 ············ 72
발코니 ············ 73

사랑이란 두 글자 ······ 74
소리의 혼선 ·········· 77
싱가포르 슬링 ········ 78
울림 ············ 80
유희 ············ 81
일몰의 바다 ·········· 82
자작나무 ············ 84
재단 ············ 86
절 ············ 88
초록 빗방울 ·········· 89
태양 빛 수채화 ······ 90
피멍 ············ 92

3부

유채색 꿈을 그린 그대에게

가시 · · · · · · · · · · · · 94	샛강 · · · · · · · · · · · · · 125
가을 · · · · · · · · · · · · 96	소소한 일상 · · · · · · · · · 126
가지꽃 · · · · · · · · · · · 98	소환 · · · · · · · · · · · · · 127
갑자기 · · · · · · · · · · · 100	숲 · · · · · · · · · · · · · · 129
계절을 잃은 장미 · · · · · 101	스밈과 젖은 마음 사이 · · · 131
고요 속에 침묵 · · · · · · · 103	시가 되는 것 · · · · · · · · · 133
굴렁쇠 · · · · · · · · · · · · 104	시선 · · · · · · · · · · · · · 135
꽃의 마음으로 · · · · · · · · 106	쐐주 한잔 · · · · · · · · · · 137
꽃이 지지 않는 이유 · · · · · 108	아무것도 · · · · · · · · · · · 139
꿀과 향기 · · · · · · · · · · 110	아버지 · · · · · · · · · · · · 141
꿈에 적셔 둔 비 · · · · · · · 111	애기똥풀 · · · · · · · · · · · 142
다시 또 · · · · · · · · · · · 112	여백 · · · · · · · · · · · · · 144
두려움 · · · · · · · · · · · · 114	우리 이제 · · · · · · · · · · 146
마노아 · · · · · · · · · · · · 116	움틔움 · · · · · · · · · · · · 148
먼 길 · · · · · · · · · · · · 117	유채색 꿈을 그린 그대에게 · 150
배척 · · · · · · · · · · · · · 119	침잠 · · · · · · · · · · · · · 151
백야 · · · · · · · · · · · · · 121	키보드 · · · · · · · · · · · · 153
사랑은 그래 · · · · · · · · · 122	타락한 자여 · · · · · · · · · 154
삼가하다 · · · · · · · · · · 124	태동 · · · · · · · · · · · · · 155

4부

빛을 불러

작가의 말 ························· 158
〈빛을 불러〉 노래가 탄생한 날 ······· 160
빛을 불러 ······················· 162
초로의 길에 더욱 빛나는 길 ········ 164
빛을 불러 - 포트리룸(PTRM) ······ 167

1부
홀로 핀 꽃, 숨어서 핀 꽃

그날

그 눈빛이 처음이었네
그렁그렁한 눈물로 넘실대는
마음의 호수를 넘치도록 쓸어 넘긴 건

꽃향기 가득한 아득한 시간을 두어
그리운 이 눈앞에 두고
천 길 낭떠러지 날개 잃은 가엾은 새

뒤돌아 걸어 돌아오지 못할
낯선 시간의 벽 앞에 거친 숨 목 넘김에
목젖 울려 컥컥대는 경각에 엇댄 시선

꽃잎 떨구어 시들어 버린 핏기 잃은 얼굴
눈조리개 하얗게 퍼져 실낱같은 등불
가물가물 온기 잃어 허물어진 그날

그땐 그랬어요

다른 뜻은 없었어요
그저 바라만 보는 임이 좋아서
그냥 눈 마주쳐 빙긋 웃는 그대가 좋아서
살다 보면 가끔 생각나는 사람
그런 사람 있잖아요

그 사람이 그랬어요
콩이 물에 불어 사랑의 싹을 틔우듯
그의 뜨거운 눈물에
마음이 불어 사랑이 싹텄어요

그땐 그렇게 서로가 물에 불어
사랑의 촉을 틔웠다니까요 글쎄
그냥 바라보는 시선이 좋아서
서로 마주하며 웃는 해맑은 얼굴이 좋아서
사랑은 그렇게 느닷없이 왔지만
이별은 내가 서서히 준비했어요

왜 그랬냐고요

음 뭐랄까

그 흔한 우리들의 이야기 있잖아요

사랑해서 만났고

사랑해서 헤어진다는 그 흔해 빠진 이야기

내가 꼭 그랬어요

사랑해서 그를 놓아줬다는 그 흔한 이야기

꽃무릇

화려해서 빨리 지는 넌
무슨 사랑을 어떻게 태우길래
연기도 피우지 않고 그리 뜨겁게 불붙는가

한순간 활화산처럼 타올라
붉은 태양 빛에
질식해서 죽을 만큼
열꽃처럼 피우다
얼음꽃처럼 녹아 일순 사라져 버리는 운명 앞에

꿈빛 스카프

가을색에 누비어 든 바람
갈대숲을 사삭이며
하얀 보푸라기 이는 사랑꽃을 피운다

햇살 기운 오후
빈 하늘 가득 채운 수채화빛 사랑이
가슴에 드리워지면 발그레한 노을은
수줍음 감춘 채 검은 산의 경계에
빛을 숨기고 숨바꼭질하잔다

솜털 묻어 보슬보슬한 가을 잔상에
소녀가 되어 버린 어느 여인의 수줍은 미소
노을빛 볼 터트려 입맞춤하잰다

꿈빛 스카프 살며시 잡아당겨
무릎 위 뽀얀 속살 위에 놓이면
가을 남자와 가을 여잔
코스모스빛 사랑으로 모닥불을 지핀다

나 이제 1

나 이제 가리라
하늘과 땅이 맞닿는 그곳
손때 묻어 너덜해진
이젤 하나 달랑 둘러메고
삶의 멍에 훌훌 벗어 던져 버리고
바람과 구름이 교차해
비를 내리는 그곳으로 가리라

비 오는 날 물감 풀어 수채화 그리고
얼룩진 옷소매 둘둘 말아
물때 뚝뚝 떨어지는 얼굴 훔치며
어수선한 삶의 언덕배기에
청소하듯 진한 환희를 그려 넣으리라

삶이 꼬꾸라져
끝없는 타락의 나락으로 떨어질지라도
오른 만큼 내리구르는

단내 나는 생의 참맛을 맛보며 가리라

허둥대지 않고 조급해하지 않으며
마음의 짐은 모두 내려놓고
너덜너덜한 만신창이 삶에
안녕을 고하려 그곳에 가리라
하늘과 땅의 경계에 숨 멈출 그곳으로

나 이제 2

나 이제
코스모스빛 사랑으로 당신을 맞으렵니다

하늘하늘 바람에 내 몸 맡겨 흔들려 필
당신의 고운 자태에 몸 실어
사랑을 여민 코스모스빛
사랑을 자아내려 합니다

빛 좋은 들가, 양지바른 곳
보랏빛 보자기에 소풍 온 듯
사랑을 펼치어
따스한 햇살 돌돌 말아 함께하려 합니다

웃음 여민 당신의 살폿한 미소 곱씹으며
코스모스빛 입술에 긴 입맞춤하려 합니다
하얀 드레스에 하늘빛 스카프 두른 긴 목에
두 팔 살짝 감싸안고 노랑에 노랑을 더해

사랑의 징표로 남기려 합니다

이런 나에게 당신
아낌없이 사랑받을 준비가 되었는지요
나 이제 당신에게 아낌없이 줄
코스모스빛 사랑을 한가득 안고 가려 합니다

대반란

햇살 촘촘히 박힌 민무늬 소매 깃에
깨알 같은 사랑이 쓰였다 지워지길 여러 해
사랑은 그렇게 헤진 청춘을
습관처럼 쌓아 둔 오랜 세탁물처럼
발코니 한 켠에 내버려둔 낡은 추억이 되었다
세탁 망을 벗어난
구겨진 셔츠의 마음은 어떨까
빳빳하게 다가온 화이트 칼라와
민무늬 소매 깃의 멋진 앙상블
그것은 남과 여가 이루는 최초의 사랑이었다
그랬던 그가, 내가
분리된 세탁물 속에 던져진 아득한 침전물
섞이지 않고 드러나지 않는 드럼통 속을
홀로 빙빙 돌아 방황하는
겉과 속이 다른 두 겹 홑잎에 갇힌
사랑의 대반란

동백의 반란

거부할 수 없는 소요의 빛
그것은 거대한 사랑의 쓰나미
움츠려 꽃피울 색의 파노라마

그것은 무너진 가슴에 울리는 진한 파향
밀려오고 밀려드는 섬 모퉁이
가슴 한가운데 관통하는
섬광 같은 빛의 환희

그것은 잔서리에 경악하는 사랑의 반란
한기 몰아내 꽃피워 올린
목젖 울컥한 뜨거운 핏빛 열정

그것은…
그것은…
동백의 오랜 침묵에서 오는

들꽃

천 개의 잎에
만 개의 눈물이 어리는 칠월의 어느 하루
짙푸른 녹음에 가려진 들꽃 하나
시위를 떠난 화살촉처럼 심장에 콕 박힌다
아련함이 묻은 물방울의 울림이 전하는
작은 떨림음 위에 공존하여 부대끼는
꽃술의 꼼지락거림이 쓰담쓰담
위로의 손길을 건넨다
얕은 촉수 같은 빗방울의 윤곽에 어린
들꽃에 투과된 여과 없는 꽃빛은
창백했던 시간에 들꽃으로 피었다 진
칠월이라 불리어진 그녀를 닮았다

몹쓸 궁금증

궁금한 걸 왜 참어
그냥 열어 보면 되지
열다 열다 안 열리면 또 열어 보면 되지

핸드폰 비번 설정 풀어 말어
생일 아니면 기념일이겠지
어! 이거 아니면 또 뭐지
"대실망"

사랑의 바탕화면 믿음
줌으로 당겨 보니 의심 안에 의심
촉에서 감으로 변환되는 몹쓸 궁금증

하다 하다 안 되면 부숴 버려
내가 부서지든 상대가 부서지든
어쨌든 해명은 명쾌하게
들을 건 들어야지

그래도 꼭 지켜야 할 건
둘만의 끈끈한 사랑

애정으로 사랑으로 쿨하게 한번 넘겨 봐
그건 그거고 이건 이거라 각서는 필수,
용서는 선택, 아량은 사양

미학

행복으로 가는 완행열차가 있을까
사랑은 이미
서로의 마음 곳곳에 내려 줄
시간의 여유를 잃어버린 지 오래

맘 편히 머무를 수 있는 간이역도
함께 나눠 먹을 사랑의 핫한 열정도
이미 식어 버린 빠다코코낫의
눅눅한 일부처럼 바삭거림이 전혀 없다

시간은 타다 만 촛농의 눈물이 되었고
불 꺼진 창가에 홀로 덩그러니 놓인
형체를 알 수 없던 사랑의 근간은
어둠을 헤집고 들어온 뿔난 바람 같다

이젠 행복으로 가는
덜컹거리는 완행열차는 없지만

하얀 날갯짓에 몸을 실어 날고 싶어라

유유히 나는 느림의 미학으로
우아한 몸짓에 동승하여
행복으로 가는 그 길에
그리운 이 함께 날고 싶다

벽

바람에 스치듯 그려진 당신의 고운 얼굴
꿈속을 더듬어 본
홀로 핀 하얀 목련꽃 닮아 보고파 울었어요

빠르게 스케치하듯 그려진
꿈속에서의 사랑 이야기
하얀 여백에 목련꽃 뚝뚝 떨어지는
짧은 봄날이 있었어요

뭉툭한 마음에
샤프한 연필심에 그려진 아련한 얼굴
밋밋한 색상에 그저 그런 사랑인 듯했는데
그게 그런 게 아니었던 거였죠

꿈을 한참 지나 망각의 시간 속에 갇혀 있던
밑그림의 겉표지가 불현듯 떠오르던 순간
거대한 현실의 벽 앞에
목련꽃 하나 스케치한 팔레트 하나
덩그러니 놓여 있었던 건 정말 충격 그 자체였어요

부토니에르

눈이 부신다
별의 환희로부터 사랑이 맺힌 날
천사는 한 다발의 꽃을 받는다

사랑이 시작되어 삶의 의미를 한날에 담아
두 몸이 한마음 되기를 간절히 원했다
소원은 현실이 되고 현실은 꿈이 되었다

반라의 드레스가 날개를 달고
턱시도 소매 끝이 날렵히 하늘을 날면
행복이라는 천사의 용어가
피아노 건반 위를 달려 춤을 춘다

축복의 하늘을 두드리는 박수와 갈채
웃음은 귀밑 턱에 걸리고
깔깔거리는 하루의 시간 안에 소박한 삶은
정지된 듯 멈춰 선다

작은 단춧구멍 안, 사랑의 원소는
홀의 중앙에 꽃을 밀어 넣는다
세상에서 가장 빛나고 아름다운 꽃의 잔상이
평생을 가름하는 위대한 시간 안에

사랑으로 기억하길

기억의 숲길 더듬어 홀로 간 외길
따스하기만 했던 온기 사라진 벤치

혼자 아니고 둘이었음을
마음을 타고 흐르던
손끝에 새겨진 그대 발자국

사랑 다음은 남겨진 차가운 냉기였음을
외진 벽 높다란 하늘
수줍게 가슴 저민 별
네 별 아닌 내 별 아닌
그냥 스치듯 지나는 희미한 유성이었음을

바람결에 곱게 물들다 시든 꽃잎
흔들리다 애처롭게 매달린
한 떨기 외로운 바람이었음을

핑크빛 꿈으로 다가가
탈색된 얼룩으로 남겨진 나의 음영
네가 기억하는 모든 것들
아름다운 사랑으로 기억하길

소녀의 우물

잔물결 일어 팔랑이는
네 안에 풍덩 빠지는 우물이 있다

그곳엔
두레박을 타고 오르내리는
물 흘림 가득한 사랑이 방울방울 떨어진다

아침 햇살 부서지는 하루
물을 길어 사랑을 적시는
소녀의 작은 눈망울이
투명한 물빛에 투영되어 어른거린다

아담한 돌담에 둘러쌓인
소녀를 반기는 키 작은 우물

숨어서 피는 꽃

사랑의 정원에서 멀어진
깊고 은밀한 그곳
음습한 기운은 습의 기운을 빌려
또다시 사랑을 잉태했다

대지의 여신은 꿈빛 사랑을 저울질하며
음의 영역에서 아득히 멀어져 있던
소멸한 빛을 소환하여 밝음을 토대로
사랑의 씨앗에서 싹을 발췌하듯 틔워 냈다

숨음과 버림의 중간을 여과 없이 걸러
빈약한 역광의 한계치를 초월한
단순 복잡의 수순을 가감 없이 더해
빛의 다채로움에 사랑의 칠을 입혔다

마치 색의 기원이 거기서 비롯된 듯
꽃의 신화를 다시 쏟는

웅장하고도 장엄한 대서사시 한 편을 엮어 내듯
땅의 기운을 옭아매 신비의 꽃을 피웠다

은둔의 별빛이 빛을 발하면
꽃은 뜨거운 빛의 산화물로 자신을 녹였다
바람의 통로에 볕이 들고
사랑의 빛은 꽃빛에 전이되어 숨이 멎는다

어디 한번

길을 걷다 우연히
울타리 밖으로 뾰족이 나온
한 송이 장미를 보았어요
사랑에 굶주려 잎이 조금 시든 듯한
장미의 게슴츠레한 눈빛에는 분명
누군가의 손길을 애타게 기다리는 듯했죠

그 많은 날을
사랑하지도 못할 사랑을 기다리며
열정적인 장미의 속성을 드러내 피웠는데
울타리 안과 밖
그 누구도 그녀의 빨간 정염을 보지 못하고
애타는 시간은 시든 꽃잎을 짓눌러 버렸죠

반쯤 피다 만 사랑의 속잎에는
장미의 비밀스러운 교태가 숨어 있는데
누구 하나 넘보지 않고

찔리지도 않은 가시에 놀라
지레 도망을 간 건지 어쩐 건지
사랑을 하려면 그까짓 가시 하나 뭐가 그리 두려워서

한 번 피면 영원히 지지 않는 사랑의 열정밖에 없는
나인데
그래 꺾어 봐 어디
내 짐짓 모른 채 울타리 밖의 장미에 눈독을 들인다

어떤 말로

그 가을이 그렇게 떠나고
하얀 눈송이 내리던 날 난 사랑을 만났다네
춥지 않은 겨울이 시작되고
분홍빛 스웨터에 파아란 바다의 사랑을
그리려 새벽별을 마주하며 그 길을 달렸다네

액셀 페달에 밟힌 마음이야
벌써 그이를 향해 다가서 있고
하얀 눈송이 덮인 언덕길은
드디어 차창가를 스쳐 지나는데
가을에 묻은 솔향의 향기 아직 여전하다

익숙해진 솔향의 사랑은
어둠을 틈타 구름 속에 몰래 숨어 버렸건만
그 구름은 마음 언저리에 남아
겨울이 와도 비켜 가지 않네

이 차 바닷가 하얀 집 앞에 멈춰 서면

그이에게 무슨 말로

어떤 표정으로 대해야 할지

하얀 눈송이 닮아 뽀송뽀송한 선한 마음에

어지러움

물방울처럼 투명하게 서 있는 넌
초록 풀잎에 묻어나는 사랑을 보았지
맑고 깨끗한 천사의 마음에 투영된
하얀 무명천에 새겨진 초록 얼룩처럼

물방울을 통과한
알록달록한 빛의 파노라마 속에서
이슬 머금어 싱그러운 아침은
실로 경이에 가까운 행복이었어

나의 삶 속에 풍요롭게 파고든
사랑의 하모니가 너로 하여금 이루어졌고
그런 난 꿈결에 덧댄
초록 물감의 번짐 하나로 사랑을 했지

너의 귀밑을 스치는 바람
치렁하게 늘어뜨린 결 고운 머릿결

널 흔들어 날 비틀거리게 했어
네 고요의 동공 속에 빠진 난
헤어날 수 없는 사랑에 빠졌어

연심

낮달이 풍덩 호수에 빠졌다
붉어진 연심 활공하여
수면 위 낮달의 수줍음에 얼굴을 비빈다

응시하듯 바라보는 시선
빈 벤치에 홀로 누운
여인의 동공 안에 호수빛 수면이 일렁인다

바람이 몰고 온 그렁그렁한 하늘
낮달은 구름 뒤에 숨어
사랑의 반전을 꿈꾼다

어디선가 한 무리의 잠자리 떼
바람에 살랑여 위로하듯
꼬리 끝에 발그레한 사랑을 전한다

가을은 익고 익어 사랑은 깊어지고

수면 위 풍광에
여인은 현혹된 듯 흔들려 물살에 씻기운다

우리

꽃이 좋아
꽃이 되기로 해요 우리

사람이 좋아
사랑이 되기로 한 우리

꽃도
사람도
사랑이 되면 좋기만 한 우리

꽃의 향기로
사랑의 화원을 만들어 볼까요
우리

유월의 어느 날

은혜로운 유월의 하루
붉은 야화에 묻어오는
황금빛 빛살에 흔들려 피어나는 시어
아 그것은
피아노 건반에 묻어나는 간헐적 울림의
작은 떨림음에 미소 짓는 핑크빛 사랑꽃
무엇으로 말하랴
빨갛고 파란 정열의 빛에 녹아나는 나

직립의 인간

손을 뻗어 전하는
나무의 잎맥 같은 사연이 펼쳐져 있다

한가로이 노니지도 못할 그곳에
전음 같은 이 말을 전해야 하나
사랑한다고

품속에 가둔 피앙세 날갯짓 여전하고
억수의 빗속에 옷깃 젖어 떨고 있는
널 감싸안은 체온 아직 따스한데
잎맥 속에 잠기어 든 하얀 새벽이 그립구나

구불구불 그려진 그 길
추억에 추억을 더한 머나먼 길이 되었구나
김 모락모락 피워 올린 한 잔 커피 향
입 언저리 얼얼하게 묻어 달싹이는데
사랑은 아직도 꿈결을 헤맨다

귓가에 잔별 스치는 날
가물가물 전하여진 작은 속삭임
뽀글거리는 가슴 무력하게 만들고
품 안에 파닥였던 너
서로의 손 맞닿아 잡지 못할 그곳에
우두커니 홀로 서 있다

진달래

봄의 고혹은 물이 올라
달빛 한편에 기울고
사랑은 빗물에 녹아
은빛 호수에 결 지어 누워 있네
두견화 호젓이 피어 문 나의 사랑

카페의 열기

다갈색 커피 향에 내려앉은
빛의 온유함이 배어 있는
어느 바닷가 이름 모를 카페

농염한 사랑은
식은 찻잔을 데워 주려
하얀 김을 잔 밖으로 밀어낸다

곡선의 유연함을 자랑하듯
파도는 너울져 흐르는 옷자락을 펄렁이며
하얀 이빨 드러내 싱긋 웃고 있다

서로 마주 보는 찻잔을 감싼 손의 떨림이
가슴으로 전해져
팽배해지는 심장은 마냥 뜨겁기만 하다

감정에 충실한

아침 햇살의 따사로움이 저랬을까
서로의 눈빛이 그윽하다 못해 탄다 타

하늘 바다

파도의 끝이 뾰족해 하늘을 찌르지만
널따란 하늘은
오목 들어간 마음으로 파도를 안아 줍니다

너울너울 춤추는 파도의 끝에
간지럽힘당하는
하늘의 해맑은 웃음이 바다를 잠재웁니다

파랗게 물든 바다와 발그레한 사랑에 익은 하늘은
엄마의 너른 가슴에 안긴 품처럼
마냥 따스하기만 하죠

출렁이는 햇살 아래 반짝이는 모든 것을
사랑하리란 바다의 속 깊은 밀어는
바람 속에 떠다니는 하늘의 마음에 닿았죠

끝이 뾰족해 상처를 주는 마음에도

하늘을 닮아 더 넓은 엄마의 마음처럼
토닥토닥 다독여 주는 사랑이 있어
저 푸른 바다와 더 넓은 창공은
오늘도 사랑으로 반짝반짝 빛이 납니다

해 따라 피는 꽃

그 섬에 가면
해 따라 피었다 지는 꽃이 있다

흰빛 소금기 머금어 짠내 나는
짭조름한 사랑이 피어 있다

까무잡잡한 얼굴에
풋풋한 웃음기 꽃잎마다 적셔 둔
해 따라 피었다 지는
노을빛 닮은 소녀가 있다

그 섬에 가면
그리움 따라 부풀어 피는 하얀 물꽃이 있다

하늘하늘한 바람에
찰랑찰랑 거품꽃 이는 뽀얀 가슴이 있다

뽀샤시한 얼굴에
상큼한 웃음기 풀잎마다 묻혀 둔
바람 따라 쉬었다 가는
바닷빛 닮은 소년이 있다

혼선

바탕화면에 내려선
핑크빛 입술이 꼬물거린다
무슨 말을 하고픈 걸까
어떤 얘기로 설레임을 주려 할까

먼지 묻은 키보드에 흐릿한 지문만을
앞세우고 쿵쾅이는 마음의 문 앞에 섰다
다섯 손가락의 현란한 움직임이
독수리 부리처럼 산란된 활자의 잔해들을

튕겨져 나간 시간의 간이역 앞에
아직 수거하지 못한
혀끝에 묻어난 달달한 추억의 찌꺼기가
잔여 잉여물로 존재할 것 같다

망설임 없는 불도저 마음으로
바탕화면의 핑크빛 도어를 밀어제쳤다

천혜의 요새 같은 비밀의 문이 열리고
사랑의 알고리즘으로 얽힌
뇌 신경망을 하나하나 더듬어 갔다

지지직-
모니터 부스에 의문 부호가 떴다
타격하듯 빛을 두드려
온 화면을 채운 이상한 프로그램들
핑크빛 입술을 가장한 악성 코드가
유린하듯 헤픈 웃음으로 날 맞이한다

아뿔싸

홀로 핀 꽃

꽃이 꽃이라
바라보지 못하는 꽃이 있습니다
멀리서 발뒤꿈치라도 바라볼라치면
수줍어 저민 가슴에 차마 바라보지 못하고
뒤돌아 오는 나의 두 볼은
늘 혼자 붉어져 피는 꽃이 되지요

꽃이 꽃이라
바라보지 못하는 꽃과
꽃이 꽃이 아니라 해도
혼자 피는 꽃이 아니기를 바라고 또 바래 봅니다
어느 날 홀연히 혼자 핀 꽃

홍시

가을은 속절없이 깊어만 가고
빨간 홍시의 사랑은
땅을 향해 철퍼덕거릴 것을 알면서도
터질 듯이 무르익어만 간다

한 생을 거슬러
흔들려 떨어질 순간의 떨림이 그를
그토록 오랜 목마름으로 매달리게 했던가

사랑의 목마름이 아니고서야
처참히 부서질 운명 앞에
당당히 맞서 붉은빛의 색채에 몰입하는
발하지 않는 저 고고한 자태를 어찌하랴

바람이 때릴수록 발버둥 치는 거센 저항
무서리가 내릴수록
붉어져 불타는 저 열정

누구를 사모하여 저리도 굳센가

면백의 시간으로 사하여질 운명 앞에
죽음의 예시는 버겁지 않다
사랑 하나로 타 버리는
순간의 전율에 몸이 부서져 찢길지라도

태양 빛 수채화에 담은 그리움

간이역

태양 빛 사선이 양분하여
하루의 시간을 가르면
녹슨 선로엔 꽃비가 내린다

아득히 멀어진 선로 끝
음색이 사라진 간이역 옆 아담한 카페
주인 잃은 간판이 쓸쓸함을 반긴다

분주한 연인들의 발자국 소리
둔탁한 탁음에 묻힌 바람 한 점에
시린 추억을 덮는다

침목 위를 나뒹구는
시든 꽃잎의 메마른 절규
빛바랜 희망마저 바스러져 버릴 것 같아
하얀 꽃비에 씻기울 음영 하나 잡아 둘
삐걱거리는 벤치에 몸을 뉘인다

꿈결에서나 보일 듯한

거울

하루에도 몇 번씩
토닥이며 들여다본 널 보았어
웃음 한가운데 어설피 서 있는 넌
세월의 주름 앞에
무너지는 하루를 지우려 갖은 애를 다 썼지

무심한 듯 무심하지 않은 듯 널 바라보는 난
어제에 물든 오늘을 지우려 했어
바라볼수록 세월을 비켜선 마음
한 자락 패인 잔 볼 채우려
눈물 한 방울 머금은 채 붙들고 있어

아직 버리지 못한 다용도실의
오래된 침묵 한가운데 꽁꽁 묶인
비닐봉지 안의 매끄러운 민낯처럼
뽀시락거리며 열면 금방이라도
짠 하고 나타날 자그마한 손거울 같아

숨겨진 마음에 감추어진 구김살 없는
널 상상하며 빛이 반사된 역광에서
너의 음영을 왜곡하여 비추려 했어
하루에도 몇 번씩 토닥이며 들여다볼
널 위한 나의 세심한 배려에서

겨울 나목

대지를 움켜쥔
비의 속성이 날 성장하게 한다

지상 위에 잎을 떨군 모든 것들
앙상한 가지에 바람을 일으켜 꿈을 흔든다

바삭거리며 뒹구는 삶의 몸부림
사랑하지 않으면
어찌 잎을 떨구어 땅에 되돌려줄까

아파도 아파하지 않는 여리여리한 잎
지상에서 천국까지 주검을 삭혀
삶의 뿌리에 근본을 더한다

하늘과 땅을 채우는 시련의 경계
눈꽃 실어 희망을 띄우고
갈망하듯 잦아든 비의 목마름
겨울 나목에 생명의 혼 불어넣는다

그래서

바라볼 수 없는 순간을
바라보는 것이 아프다
가질 수 없는 것을
가지려 하는 것이 아프다

살다 보면
아프지 않은 것이 어디 한둘인가
가지지 않고 바라보려 해도
바라보지 않고 가지려 해도
사랑할 수밖에 없는 그 마음이 몹시 아프다

순간의 사랑이
부풀어 오르는 마음을 잠재우지 못하고
가질 수 없는 마음이
터질 듯 타오르는 사랑을 억누르지 못하고
그래서 더 아프다

아프지 말아야 할 사랑이 아파서 더 아프다

길 잃은 갈매기

하얀 이 드러내 웃는
바다의 풍광이 얄밉다

파도에 휩쓸려 밀려왔다 밀려온
지난겨울의 추억을 소환하려
새벽 끝에 걸린 조각난 달을 붙잡으며
바람처럼 달려왔건만
외줄에 걸린 수평선 너머엔
사랑의 기억이 가물가물하기만 하다

후들거리며 나는 길 잃은 갈매기야
넌 알고 있지
지난겨울 함박웃음 짓고 팔짱 낀 연인의
장난기 머금어 비틀거리듯 넘어진 그때를

나 그대

외딴섬 홀로 피는 들꽃이 당신이라면
난 먼발치 땅끝 그리움을 밟고 사는
한 그루 외줄기 소나무라오

안개 자욱한 언덕배기
푸른 마음 바다에 띄워 더 파란
솔가지 흔들리는 그리움 그대는 아실는지

섬을 바라보고 한숨으로 눈물 보태는
그대 보고픔은
잔가지 부풀어 뿌려진 옹이의
오랜 침묵으로 일관된 내 하루의 일상이라오

내 사랑빛 닮아 푸른 멍든 저 바다는
늘 말이 없고
백설같이 피어오른 하얀 거품인
파도는 눈물 한 움큼 삼킨 그대 눈시울 같소

내 다음 생에 다시 태어나 이 땅에 나거든
들꽃에 기대어 피어오르는 한 줄기 빛이 되리라
그리하여 그대 깊은 호흡에 살이 되어
그대 사랑 살찌우게 하는 그대 혼이 되리라

내 스무 살의 반만 채우고 떠난 사람아

사랑도 반
가슴도 반
무엇 하나 온전히 채우지 못하고
나비처럼 날아와 바람으로 떠난 사람아

너를 만나기 전
가슴의 반이 너무 얕아
누군가를 담지도 못하고
청춘을 업은 스무 해가 지났다
너 떠난 후 패인 가슴 들여다보니
텅 빈 자리에 너의 볼빛만 맴도는구나

누구를 위하여

오늘도 이 빗속을 질주한다

무엇을 위해
누구를 위해
앞도 뒤도 돌아보지 않고
끝없는 삶의 장막을 헤치며
피 끓는 생을 활보하는가

경계를 잃은 시간의 강보에 쌓여
허우적거리며 걷는 인생길

무엇을 찾아
누구를 만나기 위해
비틀대며 빗줄기 휘젓나
오늘도 절규하듯 돌진하는 인생길

눈물

낙엽에 밟히는
싸락눈의 실체를 들여다본다
물이었다가
얼음이었다가

그렇다
그녀의 눈물이 꼭 그랬다
어느 날은 물이었다가
어느 날은 얼음이었다

어느 이른 봄날 물이 되어
촉촉이 가슴에 스미어들다가
느닷없이
겨울의 언어가 동공에 맺혔다

그렇다
그것은 분명 사랑의 눈물이었다

얼음의 결정이 되어 버린
이별의 눈물이었다

그것은 필연
이른 초야 별빛에 버금가는
영롱한 사랑이었으리라
물이었다 얼음이었다 한

바람의 벽

바람의 벽에 갇힌 풀잎 끝에 묻어난
뿌연 눈물의 의미는 무엇일까요

이른 새벽에 돋아나
아침 햇살에 사그라질 흔적 앞에
삶의 빛은 여과 없이 투영되고
찰나의 순간에
잔상으로 맺힌 물방울의 한생처럼

이슬이 눈가를 맴돌다 떨어지는
절명의 시간은 파리한 빛의 환희에
가도 가도 끝을 알 수 없는 인생길

발코니

아침을 아울러 하루를 장식할
발코니 버티컬에 내비친 아이보리 마음이
은빛 채광으로 빛을 발하면
섬세한 마음의 안과 밖
그곳에는 낙엽이 불타오른 흔적들이
태양 빛에 젖어 떨고 있다

사랑은
한 장의 나뭇잎에 새겨져
황혼에 불타올랐고
각각의 벽을 타고 거슬러 오르는
격정의 시간들은 속절없이 오고 가고
아름다운 주검의 행진들은 사랑의 발코니에
열병하듯 무언가를 떨어트려 놓았다

기지개를 켜고 이제 막 잠에서 깨어난
여인의 기품 서린 삶이 발끝에 어린다
내면에서 이어진 마음 밖 풍광으로

사랑이란 두 글자

금빛 모래에 박힌
깨알 같은 글씨가 사랑이었다

바람이 일고 간 파도의 결 사이에는
하얀 이 드러내 함박웃음 짓는
수줍음 많은 그 아이의 잔상이 일렁거린다

언제 쓰여 언제 지워졌는지
점점이 박힌 흔적
잔물결 이는 파도는 알고 있으리라

소금기 짙은 바다 내음
솔 내음 풍기는 밥 타는 마을
구부러진 돌담 위에 줄줄이 엮인 바다의 사연

섬마을 굽은 능선에서 바라본
하얀 백사장엔

석양빛으로 그린 사랑이란 두 글자
깨알같이 박혔다

소리의 혼선

뺏기지 않아야 될 곳에 시선을 뒀다
짧은 시간
꽤 많은 생각이 교차하는 플랫폼에 섰다

오르락내리락
승강장에 붐비는 어수선한 발자국
소리의 혼선이 초래한 절명의 시간

저려 오는 심장 뒤에 짧은 혈맥의 쪼임이
흔들리는 동공을 확장한다
마치
오래된 망원 렌즈의 흐려진 유리알처럼

싱가포르 슬링

팽이추의 흔들리는 속성이 이랬을까
오늘 밤 사랑이 어지럽다
달팽이관에 틀어박힌
혼자만의 비밀스러운 언어

제 속도를 이기지 못하고
바닥까지 떨어진 가속 페달
부서진 사건의 진위가
혼돈의 술집으로 이끈다

흐느적거리듯 다가선 롱바의 오른쪽
초록 랜턴 아래
신비스럽게 내려앉은 싱가포르 슬링
크리스털 잔에 비춰 튕겨져 나온 빛의 신비

여기저기 저마다의 사랑이
꽃으로 피어나 향기로 젖어 든다

온두라스 잔에 얼음을 채운다
얼음 같은 물, 물 같은 얼음
저온에서 숙성된 가슴 저미었던 사랑

얼음도 물도 아닌
증류된 알코올의 속성에 발화된다
점화점이 없는 근원을 알 수 없는 열기에 녹아

울림

나 이제 죽어
그대 가슴에 하얀 떨림음으로 남겠습니다

피아노 건반 같은 우리 사랑
두드려 닿지 않으면
어찌 그대 가녀린 가슴에 심금을 울리리오

하얗고 까만 건반을 오르내리는
손가락 건너 다섯 손가락
한 음절의 작은 떨림음마저도
도돌이표에 묻혀 되돌아오는 그대

한 호흡에 한 번
들숨 날숨으로 기억되는 사랑의 멜로디
천년을 살다 죽는다 한들
어찌 잊어 가슴에 묻으리오

유희

공허한 마음이 한풀 꺾인
봄의 뜨락 한가운데 내가 서 있다
별을 반기려 한 날 난 꽃을 보았고
꽃에 안기려 한 날 난 꽃비를 맞았다

폭우처럼 쏟아지는 유성과 꽃비
별과 꽃의 유희적 놀음에서
자유를 만끽하며 떨어지는
꽃의 낙천적 형태의 유형을 보았다

떨어지는 순간에
삶의 공허함을 메꿔 주는 꽃과 별
사랑은 누군가의 홀쭉해진 빈 가슴에
허공을 메꾸며 꽃과 별의 유희적 꽃 춤을 닮아 간다

일몰의 바다

일몰의 바다 앞에 서면
장대한 꿈을 안고 사는 여인을 보라

갈대빛 숲길을 노니는
황금빛 새들의 나래짓에 펄렁이는
여인의 너른 사랑빛 가슴을 보라

하루를 태워 천년을 가슴에 묻고 갈
심장 안에 심장을 태우는
장엄한 빛의 파노라마를 여과 없이 보라

순수의 여백 앞에
밀감빛 물감 풀어 여흥 즐기는 선한 하루를
주름진 곡선을 더듬어 넘나드는
여인의 환한 미소 어린 다소곳한 일탈 앞에
졸린 듯 잠기는 태양의 잔해

망각의 바다는
함몰하는 여인의 치맛단에
내일의 꿈을 실어 사랑을 부풀린다

자작나무

하얀 눈 덮인 겨울
자작나무는 혼자 타고 있다
뽀얀 속살 발라낸 빈틈으로
자작자작 바람에 몸 비벼 홀로 타고 있다

백설보다 하얀 몸 시린 고통
달빛에 자아내 비단 이불 치고
언 수면 위 미끄러지듯 바라보는
얄궂은 시선, 황홀한 자아에 멋쩍어 웃는다

눈보라 흩어진 독백의 시간
백야에 홀로 핀 무언의 사랑
자지러지듯 아파해야 할 흰 살갗에
덕지덕지 묻어난 사랑의 편린들

순백의 세상 여는 아름드리 사랑
한 아름 두 아름 점점이 피고

빛 시린 겨울 골짜기 하얀 눈송이
사랑꽃 한가득 시린 살갗을 메운다

사랑으로 발라낸 순백의 표피
역린하듯 피어 낸 인고의 흔적
내면에서부터 솟구쳐 오르는
뜨거운 피의 혈류가 하얀 꽃이 되었다

재단

꽃이 떨어진 잎맥을 바라보는 것만으로
사랑이 꺾여 떨어지는 절박함을 어찌 알랴

그가 남긴 자투리 시간에
사랑을 재단하여 시든 꽃의 목마름으로
맘으로부터 위안받으려 했는데
사랑은 철 지나 피어나는
응석받이 꽃말의 리얼한 사연이 아닐는지

붉다 으스러진 빛바랜 종이 장미의
절절한 주름이 고혹의 유혹으로부터
튕겨져 나간 시간의 자유를 억류하고

체납된 시간에 동봉된 등기 우편물처럼
열어 버리고 싶지 않아 등한시한 우체통의
시뿌연 먼지 묻은 과거가 등을 돌린다

흉흉한 소문이 달릴 너저분한 잎맥이
재단하여 잘릴 운명 앞에 파르르 떤다

절

절명하여 떨어지는 꽃
어여삐 피었다 어이없이 지는 꿈

주검에 익숙한 야속한 시간
기약할 수 없는 길에 흔들려 피는 춤사위

야누스의 신화는 현재 진행형
꽃의 반란이 절하였다

하지만 어쩌랴
낙엽이 떨어지는 아찔한 순간에도
사랑이 피어나는 걸

그것이 그것으로 변한 모호한 형태
아픔을 잃어버린 절규
빛바랜 그리움도 사랑이리라

초록 빗방울

초록의 창가에 비가 내린다
눈가를 적시우는 그리움을 빗물에 보태고
여린 눈망울에 비친 꽃잎 하나 따
동동 시냇물에 띄운다

흐르는 것들 중
결을 이룬 것은 그대 생각뿐
방사형 잔상들이
일몰을 야기한 어둠에 묻힌다

고요 속에
꿈틀거리는 어둠 속의 적막
사랑한다는 것이 사랑한다는 것을 덮고
그리운 것이 그리운 것을 덮을 때
빗방울에 흩어진 사랑의 기포

상처 난 마음의 벽을 되메움질하며
구멍 나 헤진 하얀 그리움을 어루만진다

태양 빛 수채화

서녘 하늘에 걸어 둔 수채화 한 점
감사의 마음으로 당신께 드리겠습니다

발갛게 익어 가는 순수의 열정
하늘 한 모퉁이에 숨겨 둔
임의 따스한 온기 어린 시선은 아닐는지

성숙의 시간으로 무르익는
사랑의 바탕화면이 저것이라면
촌음을 틈탄 바로 이 시간
당신의 마음을 클릭해 보겠습니다

캔버스 화폭 위 익어 가는 저녁노을
별빛이 임의 마음의 창에 내리기 전
당신을 위해 리셋해 두겠습니다

발그레히 퍼지는 붉은 해의 사랑에 잔불

내일 또
당신과 나의 마음의 화폭에 그려져
수줍은 온기 전해져 오겠지요

피멍

고독을 삼키지 않는 바다는 없다
밀물과 썰물이 끊임없이 교차해도
고독의 모서리는 깎이지 않고
파도의 끝에 걸려
텅 빈 등대의 가슴을 뾰족이 때린다

파랗게 멍든 바다
하얀 잔설에 녹아난
시린 섬마을 한 모퉁이 외진 숲
그늘진 달빛에 깔린
고독한 동백은 빨간 피멍이 든다

멀리 수평선 너머 하얀 달이 전하는
시리도록 파란
뭍으로부터 오는 전설 같은 사랑 얘기

3부
유채색 꿈을 그린 그대에게

가시

내 가시가 그대의 손길로 다듬어질 때
난 그대의 가슴에 사랑이란 알맹이를
그대에게 드리리다

비록 내가
밤송이 가시처럼 따끔거리며 아플지라도
양파 껍질의 시큰거리는 아픔을 참고 사는
날 따뜻한 사랑으로 보듬어 주오

그리하여 먼 훗날 우리의 사랑이 무르익어
한 톨의 작은 밤송이에서 수없이 많은
밤톨 같은 사랑이 열릴 것을 기대하며 사랑
합시다

서로를 바라보는 매끈한 마음과 몸에
사랑을 담아 사랑하는 날이 많겠지만
그렇지 않은 날이 더 많을지도 모르겠소

살다 보면 어느 날 갑자기 느닷없이 보이는
가시투성이의 밤송이가 나로 보이는
날이 분명 있을 거요

그럴 때 서로의 눈에 비치는 가시만
바라보지 말고 까실까실한 밤송이 안
토실토실 사랑으로 감싸안은
밤알 송송한 사랑을 봅시다

오랜 시간 사랑으로 기대고 살다 보면
때로는 내가 밤송이가 되기도 하고
그대가 고슴도치가 되어 서로를 향해

가을

다래 덩굴 내려선 원형의 틀 안에
노란 황금빛 태양이 내려서면
웃음 섞인 볼 안에 사랑이 맺힌다

가파른 삶의 계단 앞에
잠시 멈춰 선 시간 언제였던가
한가로이 거니는 가을 햇살 아래

사랑이 잠자듯 멈춘 시간들
가을은 그리움으로 가득 찬 선물을
햇살 하나에 모든 걸 퍼 담아 주었다

뽀송뽀송 빛나며 윤기 나는 얼굴에
웃음기 가득 머금어 싱그러운
얼굴 하나 쑥 들이민다

동글동글 구르는 다래 넝쿨 아래

사랑이 빛을 받아 더 눈부시고
가을은 정점으로 치닫는 그리움에 놓인다

가지꽃

가지꽃이 피었습니다

가지가 열리면 두 개만 부쳐 주라던 도회녀
생글거리며 웃는 보랏빛 눈길이 정겹다

그녀를 바라보면
정을 잊고 살아가는 바쁜 현대인에게
어머니의 따사롭던 얼굴이 오버랩된다

땀방울 송골송골 맺힌 이마에
투박한 손으로 가지 하나 뚝 따서
남새밭 한 모퉁이 싸리채반에
가지 두 개 오이 세 개 상치랑 깻잎을
소복이 담아 두신다

누구를 위한 만찬을 준비하는 걸까
아님, 도회에 사는

생걸녀에게 부쳐 줄 요량인가
생각만으로
군침 가득한 입안에 행복이 전해진다

가지꽃 피는 한 계절을
보랏빛 추억으로 회상하는
도회녀의 예쁜 얼굴이
인심 넉넉한 우리들의 엄니를 닮고 있다

갑자기

어느 날
돌아올 수 없는 그 길에 홀로 서 있다

아찔한 현기증 속에 몽롱한 의식
삶의 벼랑 끝엔
회귀할 수 없는 본능에
몸부림치는 가엾은 한 인간

들숨과 날숨 사이에 불던
삶의 경계에 바람이 멎었다
느낌표 하나로 왔다가
마침표 하나에 삶을 의탁해
몸부림치는 가엾은 한 인간

계절을 잃은 장미

너의 몸 휘감아
가시 면류관을 쓰고 하루를 살다 가느니
핏빛 가슴을 태워 한 줌 재가 되어
하늘에 올라 천년을 네 곁에 떠돌다 죽는
잿빛 구름이 되련다

그리하여
머언 시간의 벽 따라 흐르고 흘러
지친 몸 땅으로 내려 바삭해진
너의 잎을 떨구는 바람의 힘을 빌려
비가 되어 생명의 숲을 포효하는
사랑의 정령이 되리라

이슬 한 점의 무게에도 짓이겨질
때 잃은 장미여
그대 정녕 정지된 심장에
사랑의 입김 불어넣어 영원을 살고 싶은가

아님

하얀 눈 녹아 으스러진

탈색된 영혼의 흔적 앞에

눈물 뚝뚝 떨구어 숨죽여 사는

시든 주검을 갈무리하는 시린 열정이 되련가

고요 속에 침묵

뜨거운 목젖 울린 보고픔은
어떤 그리움을 내포하고
바닥에서 솟구쳐 오를까

심장 한구석에 웅크리듯 쪼그려 있던
붉은 혈맥의 근원으로부터 차단된
오랜 침묵의 바다는 부활하듯 용솟음쳐
오른다

포효하는 것이 다 그리움이 아니며
울음 섞인 바다가 다 보고픔의 끝이 아니다
바다는 늘 잠재된 그리움을 안고 산다

숨죽여 흐느끼던 바다는
통로가 막힌 역류 직전의 그리움으로 인해
태풍의 눈처럼 고요하기만 하다

굴렁쇠

굴렁굴렁 굴렁쇠야
구르고 굴러 넘어지지 않으면
둥근 세상 둥근 어디에도 갈 수 있지

점으로 출발해 선으로 이어지고
선으로 이어져 사랑으로 구르는 굴렁쇠야
세상은 둥글둥글 구르는 거야

살다 보면 구르다 넘어질 수 있지만
구르다 넘어져서 일어나지 않으면
둥근 세상 어떻게 앞을 향해 구르겠니

힘을 내 힘을
둥근 곡면 따라 부드럽게 힘을 내
세상을 둥글둥글 구르다 보면
네 꿈은 동글동글 원 안에 있어

밝은 세상 밝은 원 따라 도는
둥근 태양이 널 부드럽게 감싸안지

둥글둥글 구르는 굴렁쇠야
오늘의 해는 내일 또
동그랗게 구르며 뜨는 거야

꽃의 마음으로

낮게 드리워진
꽃의 마음으로 사랑을 하리라
그대의 심장 먼 곳에서 발등을 경유해
오르는 존경의 언어로 사랑을 하리라

멀리 있는 듯 가까이 있고
가까이 있는 듯 멀리 있을 것 같은 그대에게
때로는 풀꽃 같고 때로는 바람꽃같이
부드럽고 감미로운 언어로 사랑을 하리라

어느 따사로운 봄날
별이 피어오른 하늘의 마음과
달이 드리워진 물의 마음으로
꽃이 되고 별이 되고 달도 되어
바람과 물의 마음으로 그대를 사랑하리라

그리하여 언젠가

하늘의 언어로 부름을 받을 때
한생을 오롯이 그대 향한 낮은 마음으로
별과 달과 꽃의 마음으로
오직 그대 한 사람만 사랑했노라고

꽃이 지지 않는 이유

장미의 꽃이 지지 않았다
무서리가 저리 하얀데
붉은 열정은 도드라져 활활 타는데
사랑이 내려앉을 시간은 아직 멀었나 보다

온몸을 떨어 지새우는 밤
하얀 소복 같은 달빛은 무수히 피었다 간
사랑의 넋들을 위로하듯 쓰다듬곤
어둠 한 줄기 그은
검은 산의 그림자에 갇혀 버렸다

세상을 바라보는 시각들
꽃을 등진 이후로
아무도 눈길을 주지 않았다
잎 사이를 가르는 붉은빛의 환영에도
앙상한 가지 위에
위태위태한 사랑의 반열을 올려놓은

장미의 고혹은 순종하지 않는다

목적 없는 삶에 반기를 들 듯

꿀과 향기

벌이 날지 못했다는 건
꽃의 유혹이 너무 강했기 때문이다

유혹의 꽃은 강렬한 색채와
진한 향기로 사랑을 전한 게 아니라
부드럽고 은은한 향기로
감미로운 사랑을 솔솔 바람에 날려
사랑의 세레나데를 부른 것이다

흔들리듯 피는 꽃이 더 아름다운 건
춤추듯 날아오르는 벌의 춤사위에 화답을 하며
이탈되지 않은 절제된 사랑에
서로 마주 보며 불을 지피듯
은근히 타올랐기 때문인 것이다

꿀과 향기의 이끌림에
일방적으로 벌은 없다

꿈에 적셔 둔 비

간밤에
단내 흠뻑 머금은 봄비가 내리더군요

초록 품어 싱그러운 마음에
동동동 구르는 빗방울 댓잎에 떨어져

사그락사그락 톡톡 노랠 부르고
실비에 젖은 고운 운율에
밤을 온통 그대 그리움 하나로 지새다 보니

오늘이라는 아침이 왔습니다
꿈일까요
현실인가요

다시 또

멈춤이 주는 고요함
낯선 이방인으로부터 오는
이질감이었을까
산만한 빛이 머리에 든다

사랑하는 것들에 대해 안주하는
소소한 일상의 흐트러짐
빛이 부서진 마음의 벽에 한 줄 실금이 간다

하루를 메꾸어 천년의 시간을 가지려 하는
끝 모를 이기심에 사랑은 타고
잿빛 가슴은 멍울지어 아려 온다

심장에 가로놓인
열정이 타다 만 타닥거리는 음율
불협화음의 균열이 가져온 온전한 선물

고요 속에 맴도는 침묵의 도가니에

다시 또 불을 지핀다

알 수 없는 미지의 사람에 도약하듯

튀어 오를 듯 모를 이기심에

두려움

홀로 하는 밤이 두렵습니다
무엇이 그리 두려운지
홀로 있다는 게 두려운지
둘이 아니란 게 두려운지
마음 한가운데 온통
빙글빙글 맴돌다 떠다니는 부유물처럼
휑한 바람으로 빠져나간 그의 빈자리가
나의 가슴을 할퀴고 갑니다

어두컴컴한 시간의 벽 한가운데
작은 초점으로 남아
또각거리는 기다림의 여운은
채 가시지 않은 단향의 쌉싸래한 뒷맛처럼
어지럽게 나뒹구는 고뇌의 한 단편이 되어
잠 못 들게 합니다

사랑도 밉고 기다림도 서럽고

시린 속마음은 더 날 슬프게 합니다
이런 사랑 가두어 둔
그가 없는 밤이 더 두렵습니다
사실 나의 마음 몰라주고
혼자 두는
그가 외면한 사랑이 더 두렵습니다

온밤 지새며 몸 떤 지독한 고독이
더 두렵게 한 건지도 모르겠습니다

마노아

삶의 계절에 쉼표 하나 갖고 사랑해야지
쉼 없이 뜀박질하며
쉼 없이 달려온 고단한 삶
심장 쿵쾅이며 사랑했던 날 얼마였던가

타는 홍엽처럼 얼굴 발그레한 날
또 언제였던가
삶의 계절에 시든 낙엽 되어 떨어질 날
그리 멀지 않은데 시절은 가고 열정은 사라지고
폭풍의 전야 뜨겁게 태운 사랑은 어디 갔나

가슴은 바람 한 점 일지 않는 모래사막
범람하듯 일렁이는 사랑의 바다
해일 같은 사랑에 몸을 맡겨 봐야지
한 점 일엽편주에 맘 실어 떠돌지라도
사람과 사람 사이 쉼표 하나 찍어 넣고
삶의 계절에 쉼표 하나 갖고 사랑해야지

먼 길

먼 길 돌아 홀로 가는 인생길
무엇을 벗 삼아 함께 가오리까

까만빛의 허구에 놀라 움츠린
삶의 음영은 긴 그림자 드리워지고
목적 없이 방황하는 방랑의 시각

길은 외져 아득하기만 한데
별빛은 가물가물 지친 기색 역력하고
몸 가눠 쉼 할 곳 세상 어디인고

청춘은 등 돌려 가 버린 지 오래
백발은 성큼성큼 귀밑머리 찬 서리
내려놓고, 동구 밖 당산나무
뒤틀어진 바람에 등 굽어 신음한다

긴긴 겨울밤 달빛 스산해 울적한 맘

대숲에 비껴간 바람에게 말 걸어 본다
윙윙거리는 귀울림에 답이랍시고
반겨 하여 우리 동무하여 함께 가잡신다

배척

삶이 공생하는 평화로운 숲
그 속엔
죽임과 죽임당하는 치열한 한순간에
고요와 공존을 가장한 격한 침묵만이
존재의 여부를 실감케 했다

살기 위해 바둥거리는 어설픈 침묵
아니 살아남기 위해선
사슬처럼 채워진
검붉은 힘줄을 걷어 내야만 했다

연약하지만
뿌리로부터 솟구치는 강력한 힘
삶의 의욕은 땅속 어딘가에 감춰 둔
보물 지도를 찾듯 촉수 같은 언어로
서로의 깊이를 더듬는다

얽히지 않아 더 헝클어진 위태로운 삶
배척하지 않아 죽어야만 하는 또 다른 대상
영원히 공생공존 하지 않을
교감하지 못할 서로의 삶에
자신을 옭아매야 누군가가 산다

백야

당신의 해는 지지 않습니다
만년의 빙설
녹지 않는 차가운 마음 안에는
영원히 얼지 않는 당신의 사랑이
존재하고 있기 때문입니다

해가 지지 않는 밤을 하얀 꽃의
눈 비빔으로 당신과 마주 서려 하는
해의 기울어진 사랑의 각도가
당신의 언 마음을 온통 녹이려 하고 있네요
눈부신 태양이 마주해야 하는
정오의 시간은 그리 멀지 않았습니다

당신의 시야에서 벗어난
백야의 낯선 빛들이 낮을 빙자해
당신의 머리 위에 올라서기까지
밝음이라는 사랑의 시간을
주욱 당신 앞에 나열해 놓았기 때문이죠

사랑은 그래

사랑은 늘 마법을 건 풍선처럼 한없이
크고 부풀기만 할 바램을 가지고 있지

내가 가진 기대치가
상대가 할 수 있는 역량의 한계치를
훨씬 초과해 웃돌아 돌아올 때
그에 상응하는 사랑의 크기는
부푼 풍선처럼 커져 있다

생각하지
하지만 말야
사랑이란 풍선은 바램이란 하늘에
늘 혼자 크게 부풀어 떠오르는 게 아니거든

호흡을 가다듬어 내가 불거나 상대가 불어
서로의 역량을 다하여 신중을 기한 만큼
그 크기가 기대치처럼 터지지 않고

적당히 부풀어 올라 서로가 생각하는
사랑의 상한선에 도달하지

삼가하다

바람을 가르는 삶의 촉수
무엇을 건지려 허공을 더듬을까
깃털보다 가벼운 삶의 궤적
흔들리지 않으면 어찌 알랴
시간에 흔들리는 모든 것들
한 점 바람에 몸 맡기고
작은 빛살에 녹아난 이름 없는 영혼
반짝이는 것이 다 경외의 대상

샛강

사랑 본래의 어원에서 한참을 비켜 간
형언할 수 없는 감정의 기복이
둘을 갈라 하나로 합쳐 놓았다

익숙하지 않은 길을 돌고 돌아
저만치 앞서간 임 그림자 저녁노을에
비춰지면
사랑은 수면 위 섬 가운데 멈춰 선다

바쁜 호흡 가다듬는 절박한 시간
두 길에 놓여 망설이는 인연의 가닥
빠른 물살을 뒤로하고 유유히 흐른다

총총히 사라질 운명을 즈음하여
깊고 푸른 밤의 향연에 별빛도 불사른다
망망대해에 뿌리내릴 영원을 염원하며

소소한 일상

가을 정취가 무르익는
밤의 향연이 펼쳐진 이곳 아스라한 하늘엔
별빛이 손에 잡힐 듯 낮게 드리워져 있다

페가수스자리에 깔린
사랑의 편린들이
이른 가을의 예고편처럼
꽃별을 그리고 있다

사랑 한가득 담긴
추억을 소환해야 할 이유가
별을 향해 다가선 이곳에 있다

맘 한구석 정염에 휩싸인
별빛의 그윽한 눈빛에 맞닿는
가을 국화의 소소한 일상에 잠긴
이 하루가 너무 행복하다

소환

시린 발끝에 맞닿아 피는
하얀 들꽃의 향기 어린 사랑은
무서리 맞아 시들어 있지만
빨간 정염에 불타오르는 이내 마음은
한 계절을 풍미한 어느 절절한 연인들의
전설과도 같은 사랑에 견주어 비하리오

타도 타도 더 붉게 타는
태양 빛에 달구어진 가을 낙엽에 새긴
애절한 마음 낙엽 한 장에 떨구어질지라도
사랑 한달음에 박음질하듯 새기어
추억 한 페이지 소환 못 하는 책갈피 속
깊고 깊은 마음의 벽 사이에 끼워 두었소

머언 훗날
색이 바래듯 우리의 사랑이
희뿌연 먼지의 색으로 바래지면

그 옛날 전설처럼 타오르던
태양의 잔해가 빨간 낙엽 한 장에
감추어 있었다며 들춰진 책갈피 속의 추억 하나 소환
해 보시구려

숲

숲속에
오래 머물러 있으면 아무 생각도 안 난다

처음 얼마간은
이 풀 저 풀
이 나무 저 나무
이 돌 저 돌

산재되어 있는 모든 것들에
시선을 뺏겨 따라가다 보면
그만 마음마저 훌쩍 뺏겨 다 내려놓게 된다

고된 삶도
힘겨운 마음도
아픔도 고통도

깜빡 잊게 하는 치유의 숲

그 숲에는
켜켜이 쌓인 세월의 흔적만큼
온갖 시간의 때들이 조합하여 만든
마법의 휴식처

스밈과 젖은 마음 사이

스미어든다는 것이 사랑이라면
젖어 드는 건 뭔가
밤이 잦아들어 사랑이 오고
별을 헤이면서 사랑을 하지

이른 새벽
젖어 든 꽃잎에 사랑이 스며들면
이슬 같은 동공은 반짝반짝 별이 된다

한 번의 호흡에 꽃이 피고 별이 지고
한 번의 속삭임에 사랑이 녹아 숨이 멎는다
긴 입맞춤과도 같은 사랑의 터널 안에서
죽지 않을 만큼 사랑을 하고
죽을 만큼 격정의 시간을 함께 보내고
그리고 스며듦과 젖은 마음 사이를 오가며
줄다리기하듯 밀고 당긴다

서로 상반된 주체와 객체가 만나
혼돈된 너와 나 우리를 만들고
서로 닮으려 닮아 가는
마주 보는 하나의 거울이 된다

사랑은 그렇게 여과 없이
비춰지고 비춰 주고
투영된 마음에는 하얀 실핏줄 같은
사랑의 돌기가 돋아난다

시가 되는 것

기다린다는 것이
모든 그리움의 시가 되는 것은 아닙니다

기다린다는 것은
어느 가을날 돌담길 한 모퉁이에
담쟁이넝쿨이 빨갛게 타듯
여러 계절을 태워
눈이 시릴 만큼 아름답게 서서히 물드는
것입니다

탄다는 것이 다
그리움의 시가 되는 것은 아닙니다

탄다는 것은
사랑이 익어 발그레한 가슴이
찌는 듯한 한낮의 태양에 가쁜 숨을 넘겨
천천히 익어 가는 붉은 노을이 되어

눈시울 적시는 한 편의 작은 시가 되는 것입니다

기다리는 것과 탄다는 것은 다
그리움의 시가 되고 노래가 되는 것입니다

밝고 엷게 번진 노을 띤 가슴에
붉은 물감의 수채화빛 사랑이 피어나는
작은 연못과 같은 그리움의 시가 담겨
흐르는 고요한 물결이 되어야 합니다

시선

의식하지 않고 떨구는 시선이 저기 있다
한 줌 흙에 의지해 삶의 텃밭을 가꾸듯
피워 올린 진기 어린 꽃잎 하나
세상 한 모퉁이 생의 여백에 색을 입힌다

시린 노란빛에 투영된 머지않은 시간에
초록의 난간 위에 세워질
꿈의 궁전처럼 봉인된
꽃봉오리 하나 툭 터져 불거져 나온다

장엄하거나 웅장하지 않는
바람의 선율과도 같은 미세한 빗소리 훔친
가녀린 목의 기공에서
여린 감탄사가 흘러나온다

사랑하지 않아도 사랑해야만 할
떨구어진 시선 위에도 서른일곱 날을 피워 올린

마흔 장에 이어 붙인 사랑의 흔적 앞에도
경이에 가까운 어느 여류 시인의 따뜻한
온정이 시선 속에 살아 있다

쐐주 한잔

파야 파야 미안하다
하지만 어쩌겠니
내 입맛을 돋구기엔 너만 한 게 없는데
뿌리째 뽑혀
난도질당하는 살육의 현실에서 잔인하기는 하지만

펄펄 끓는 육신의 허물어진 네 앞에서
입을 떡 벌려 냄비 앞에 서 있는 난
너의 처참한 모습은 아랑곳없이
입맛만 쩍쩍 다시는구나

칼칼한 라면 국물
꼬부라져 불어 터진
인생 한편 부여잡고

쐐주 한 잔에
시어 빠진 깍두기 한 젓가락

혼술 혼밥에 인생 쓴맛 단맛
다 삼키려 한다

파야 파야 미안하다
부디 담 생에는
까도 까도 속을 알 수 없고

돈 없다고 날 두고 도망간
양파 같은 내 옛 애인 대신해서
부디부디 내 곁에 오래오래 있어 다오

아무것도

아-
아무것도 아닌 거 아니었나
아-
그게 그런 게 아니었어
아-
아닌 게 아닐 거라 생각한 맘
아-
생각에 생각을 더해 봐도
아-
그게 그런 게 아니었어
아-
사랑이 사랑을 잡아먹고
아-
사람이 사랑을 함부로 하지
아-
무심코 내뱉은 한마디가
아-

왜 이렇게 날 바보로 만드는지

아-

아무것도 아닌 거 아니었나

아-

그게 그런 게 아니었어

아-

아무것도 아닌 게 아닌 사랑

아-

미치도록 사랑하고 사랑해야지

아-

그게 그런 거 아니었어

아-

그게 바로 사랑이지

아버지

빈방 홀로 하는 등 굽은 아버지
굽어 비좁아진 가슴팍 언저리에
누굴 고이 묻어 놓고
저리 서글피 노랠 부르실까

공허한 티브이 반 음절에 반쯤 감긴 눈
오물오물 빈 입에 노랫말 가득 씹어
쓰디쓴 흥 토해 내듯 읊조린다

새벽 잦아든 먼 산에는
검은 머리 파뿌리 되도록 같이 살자던
꼬불 할망 혼자 누운 나 닮아
저도 혼자 누웠다는 아버지의 가는 탄식 말

온기 잃어 차가워진 잦아든 그 시절이
그립다 못해 서럽디서러운데
반백에 반백을 향해 살아가도
먼저 산 반백의 행복이 또다시 찾아올까

애기똥풀

풀 내음 폴폴 풍기며
이른 새벽을 여는 애기똥풀
이슬 발리어 더 아름답다

푸른 풀섶 점점이 박힌
노랑 점성의 고운 빛깔
사랑을 훅 잡아당기고도 남음이 있다

초록 손바닥 안에 꽃잎 따 살포시 얹고
반달 손톱에 노란 얼룩 묻히고
짓궂은 장난으로 하얀 이 드러내 너스레를 떤다

소년도 소녀도 아닌
불혹을 훨 넘긴 나이에
애꿎은 장난으로 연애 아닌 연애를 한다

소담한 햇살 한 아름 안아 꽃피운 나이에

중년이라는 시간을 넘겨 두고
꽃망울 초롱초롱한 두 눈빛을 맞교환하며

여백

갖고 싶지 않아 가져야 하는
존재의 여백 앞에 맨발로 섰다
벌거숭이 심장 안에 담지 않아 담아야 할
숙명 같은 인연이 웅크리고 있다

무심히 버려지는 음각과 양각이 도드라진
날선 양날의 칼을 쥐고
투영되지 않아 도려내야 하는
여백의 존재를 버려야 한다

존재의 여백이 공존하고
삶의 쟁점에 부여되는
사랑 안에 맴돌다 사랑 밖에 겉도는
인연 아닌 인연을 옭아매야 한다

구속하며 구속받지 않는
속박의 자유를 보상받기 위해

인애의 마음으로
사랑에 여백을 두어야 한다

...

우리 이제

삶을 옥죄어 온 모든 것들이
한순간 일어나 먼지처럼 흩어질 운명이었던가

한 올 바람에 연기처럼 사라질 우리네 운명
삶은 참 욕심 없이 피었다 욕심 없이 지는데
무엇을 취하고 무엇을 버려야
바람 없이 지는
꽃향 머물다 살다 간 온전한 흔적 남길까

유랑하듯 떠도는 머언 시간
무한의 시간에 유한의 한 점 삶
낙인찍듯 찍혔던 찰나의 생
가질 이유도 버릴 이유도
분명 하나의 선에 매달려
팔랑이는 음영이었으리라

빛이 반사되어 되돌아가듯

생의 한 틈에 미련 없이 비켜서는
가느다란 희망의 빛
안고 살아가면 안 될까

너와 나의 영역 밖에 있는
권한 없는 것들에 얽매이지 말고
움켜져 빠져나가는 모든 것들에 미련 두지 말며
우리가 사랑하며 공유해야 할
사랑 안에 사랑을 나누며 살자

그리하여 우리를 옥죄여 온 모든 삶들에
먼지를 털 듯 툭툭 털어 내 미련 없이 살자

움틔움

새벽 어스름을 걷어 낸
장대비의 웅장한 음률이 가슴을 때릴 때
바스락거림이 없는 겨울나무의
마른 사랑은 너무나 밋밋하다

소리로 기억하는
푸른 계절을 수놓았던 모든 것들
푸르름의 열정으로 꽃을 피웠고
열매에 현혹된 한순간의 시절도
매서운 바람의 공명에 고개를 떨구었다

땅끝을 일구는
밀알의 새초롬한 사랑마저
외톨박이 태양의 이글거림을 꿈꾸며
혹독한 동토의 이불을 덮고 실눈을 감는다

이제 바삭거리는 건조한 마음을 걷어 내고

쪽빛을 그리워해야 할까
아님 장대비에 씻긴 겨울 나목의
올곧은 뿌리 하나 부여잡고
진한 사랑의 기지개를 켜야 할까

유채색 꿈을 그린 그대에게

사랑은 늘
파란빛만 머금고 피는
하늘빛 수채화가 아닙니다

사랑을 하다 보면 핑크빛 가슴에
아린 멍울 하나 담고
아무렇지 않은 듯 살아가는 그런 사랑

바람이 그물을 뚫고 가듯
세상과 맞서 무채색 하늘 위에서
그리고 또 그리다 그리움 빛으로 변합니다

침잠

생각의 숲에는
고요의 물결이 요동친다

어떤 바람이
무슨 생각을 찰랑거리게 하여
수면 위 작은 물결을 일렁이게 하는가

둥근 곡면의 내면이 원을 이루고
그 동그란 원의 중심은 동심원을 그리며
확장하듯 생각의 고리를 넓힌다

생각의 숲에는
요동치는 물결이 고요를 삼킨다

격한 감정의 파고가 높아지면
바람은 수면 위 파랑을 잠재우듯 쓰다듬어
작은 너울의 움직임으로 침잠한다

둥근 내면의 원이 곡면을 이루고
그 부드러운 곡면의 안과 밖의 질감이
뒤섞여 편안하고 안락한 화합의 장이 열린다

키보드

비 사이를 오가는 설레임 가득한 오후
나른한 몸 뒹굴뒹굴
손바닥 위 소통의 세상에 눈을 돌린다

키보드 위
손에 잡힐 듯 그리워지는 이름 하나
누를까 말까

단축키 자판에 새겨진 의문의 기호처럼
한 번의 두드림으로
숨겨진 내면을 들여다볼까
어떤 언어로 말을 할까
무슨 색깔로 소통을 할까

나 아닌 다른 사람
SNS상에 존재하는
타인으로 불리어지는 무수한 이름들
그 속에 딱 떠오르는 너

타락한 자아

네 영혼의 괴리에서 불거진
빛의 소멸은 어디로 갔는가
끝을 알 수 없는 나락
욕심에 욕심을 밟고 서면
추락한 날개엔 깃털이 없다
헤어날 수 없는 수렁의 깊이는
침잠한 욕망을 꾹꾹 눌러
추락하고 말았다

태동

하늘빛 검푸른 대지
태동은 분명 검은빛에서 시작되나 보다
바래지 않는 생명의 기원
꿈틀거리는 몸부림에서 시작되었나 보다

하루의 시간이 쌓여 억겁을 내려온
사슬처럼 긴 사랑의 포자
순수에서 발아한 청아한 빛
잉태하듯 빚어낸 오묘한 진리가 된다

고요 속 적막으로 요동쳐 흐르는
다채로운 빛의 역광적 파노라마
뿌리에서 지긋이 밀어 올리는
힘의 팽창으로 부풀어진 눈부신 세상이 된다

검은빛 대지 삶의 빛으로 전환되고
그 대지 위를 넘나들며 치환되는 모든 것들

얽히고설키는 불완전한 조화
솟음의 사이에서 삶이 기록되는 거룩한
어록이 된다

4부
빛을 불러

작가의 말

보은 이현재

짙은 어둠 뒤에 오는 새벽은 늘 희망적이다.
이번에 낸 책
《빛을 불러》는
코로나19 팬데믹 이후
볕이 들지 않는
어둡고 습한 음지에서부터
밝은 태양 아래 숨 쉬는 모든 분들까지
마음속 깊은 곳에서부터 저절로 우러나와 함께
웃음 짓고 행복해하는
맑고 밝은 세상이 되었으면 하는
간절한 소망을 담아 노랫말의 가사를 따
시집 제목을 《빛을 불러》라고 했다.
책이 나오기 전 여러 매체를 통해
《빛을 불러》 발라드풍의 노래가
우리 사회 전반에

희망의 빛을 노래하며 서서히 퍼져 가듯

우리가 함께하는 이 세상도

음에서 양으로 햇살이 비치듯

살고픈 빛으로 모두에게

고루고루 희망을 담았으면 한다.

마지막으로

시집《빛을 불러》에 참여한

모든 분들께

진심 어린 감사의 말씀을 전하며

노래

《빛을 불러》를 사랑해 줄 모든 분들도

더불어 행복하길 바란다.

2023. 12. 13. 수요일

〈빛을 불러〉 노래가 탄생한 날

이미자

"여보…
드디어 오늘,
내 노래가 발매되었어."

하는 소리에 〈빛을 불러〉 감동의 노래를
듣고 또 듣고 여러 번 들었다.
슬프기도 하고 희망을 주는 노래였다.
〈빛을 불러〉 혼이 담겨져 있는 노래 탄생을 위해
매일 한순간도 헛되지 않고
노력하며 살아온 당신께
진심으로 찬사를 보낸다.
글귀 하나하나에
간절한 소망이 묻어
희망을 주는 노래!
이 노래를 듣는 모든 분들께 〈빛을 불러〉 노래가 가려

진 어둠에서 빛으로,

희망으로 이루어지길 바란다.

〈빛을 불러〉 노래를 탄생시키기 위해 함께하신 분들의 노고에 진심으로 감사를 표한다.

2023. 12. 7. 당신의 아내가

빛을 불러

이정한

 얼마 전, 아버지가 작사한 곡이라며 나에게 연락을 주셨다. 그 연락을 받곤 곧장 노랠 찾아 들어 보았다. 당시 내 마음엔 가사가 별로 와닿지 않았다. 그저 아버지께서 작사하신 곡이라 들어 본 것이 전부였다. 하지만, 무슨 이유인지 나는 아버지가 가사를 쓸 때의 마음을 느껴 보고 싶었고, 틈틈이 노래를 들었다. 한 20번 정도 들었을까….

 가사에 담긴 뜻을 조금은 이해할 수 있었고, 그 가사의 내용은 나에겐 '슬픈 희망'으로 다가왔다. 노래를 들으면 들을수록 도대체 이 기분은 무슨 느낌일까, 복합적인 감정이 들었다. 가사엔 희망찬 듯 슬퍼 보이고, 슬퍼 보이지만 그 와중에 희망을 놓지 않으려고 한… 한 사람의 모습이 떠올랐다.

 문득 아버지와의 어렸던 옛 추억이 생각났다. 회상해 보면 내가 어렸을 땐 아버지와 정말 수많은 얘기를 나누었던 것 같다. 언젠가 아버지께서는 자신의 꿈에 대하여 말한 적이 있다. 어렸을 땐 그 꿈이 엉터리라고 생각했었다. 하지만 벌써 20년이란 시간이 흐른 지금, 그 꿈이 조금씩 이뤄지고 있다는 것을 느낀다. 아니, 아버지가 이뤄 가고 있다는 말이, 오랫동안 아버지를 지켜본 내가 느끼기엔 맞는 말인 것 같다.

그동안 우리 가족에겐 정말 수많은 일들이 있었고, 그중엔 힘든 일도 많았다. 하지만 그 힘든 역경들을 이겨 내고 자신의 꿈을 이루고 있는 아버지를 보며, 나는 정말 이현재 씨의 아들로서 아버지를 자랑스럽게 생각한다. 앞으로 아버지가 건강하게 계속 좋아하는 일들을 하시길 바라며, 꿈을 이루시길 바란다. 아들로서 진심으로 응원한다. 마지막으로 이 노래는 들으면 들을수록 더 매력적인 것 같다. 더 많은 사람들이 들을 수 있길 바라며, 끝으로 아버지를 도와주시는 모든 분들께 심심한 감사를 드린다. 사랑합니다, 아버지.

2023. 12. 10.

초로의 길에 더욱 빛나는 길

박은선

 늙어 가는 길에 들어선다는 것은 내면의 성숙이 포근해져 올 때 그리고 타인을 진정성 있게 이해하려 하며 포용할 수 있는 마음이 열릴 때 내 스스로 정한 초로의 길이 아닐까 생각해 본다.
 그렇다면 난 아직 초로의 문에 가까이 가기 위해 글을 쓰고 글을 읽으며 문장 속의 심오함을 찾는 일에 서슴지 않는다.
 반면 제5집을 향해 집필하고 있는 이현재 시인의 시는 이미 초로에 있으며 사랑의 꽃을 입은 아름다움이 전해 온다.
 〈정구지 꽃〉(제2시집 《길 찾아 나선 바람》)의 시를 보더라도 시인은 어머니에 대한 사랑과 그리움을 자연의 꽃으로 승화시켜 하얀 샛달에 늘 간직하며 앞길을 가고 있다.

시간의 벽을 갉아먹은

허물어진 담장 밑에는

듬성듬성 추억의 꽃이 하얗게 피었다

:
:

물에 비친 정구지 꽃이 샛달처럼 하얗다

- 〈정구지 꽃〉 전문(前文) -

  이현재 시인의 사랑과 그리움이 배어 있는 여러 편의 글들은 순수함 속에서 피어나는 향기가 가득하기에 때론 구슬프다가도 사계절의 윤회로 이어지는 희망과 가르침으로 문우의 길을 걷고 있는 주변의 시인들께 자각하게 하는 묘한 매력이 있다.

  노을은 점차 사라지는 것이 아닌 내일을 위한 시간을 빚기 위해 시야에서 멀어졌다가 수없이 다음 날들이 다가오듯 시인의 글에서는 사랑과 그리움 그리고 자연을 등장시킴으로 희망을 전해 주고 있다.

이현재 시우님!

오늘이 소중하듯 추억의 시간은 더욱 소중하며 미래의 시간들은 더더욱 가치가 있음을 표현한 시를 만나게 해 주신 시우님께 존경을 담아 감사를 표합니다.

2023. 12. 20.

빛을 불러 - 포트리룸(PTRM)

작사 이현재

숲을 깨워 우는 바람

자맥질하는 태양에 길을 틔워

하얀 어둠을 부른다

어디서 몰아칠지 모르는 거친 숨

별빛 토해 낸 하늘 보며

하루를 여민 손가락 모아

빌고 또 빌어보며 기도해

소원하는 모든게 다 이뤄지리라

어디인지도 모를

끝없는 걱정의 밤이 가고

희뿌연 새벽에

길목에 내려선 희망의 바람이 빛을 불러

별빛 토해 낸 하늘 보며

하루를 여민 손가락 모아

빌고 또 빌어보며 기도해

소원하는 모든게 다 이뤄지리라

어디인지도 모를

끝없는 격정의 밤이 가고

희뿌연 새벽에

길목에 내려선 희망의 바람이 빛을 불러

찬 서리 여물어진 등 시린 모진 밤

격한 여정을 몰아 시간의 등 타고 내달린다

어디인지도 모를

끝없는 격정의 밤이 가고

희뿌연 새벽에

길목에 내려선 희망의 바람이 빛을 불러

* 앨범 소개

앨범 노래 수록

- 빛을 불러

- Monologue(Intro) 유튜브

- 빛을 불러(feat. Rezina) 유튜브

시인과 뮤지션의 프로젝트 '포트리룸(PTRM)'의 정규 1집 앨범 〈빛을 불러〉 발매.

2020년 7월, 시인 '박은선'과 작곡가 '1L2L'의 첫 협업으로 시작된 프로젝트앨범 '포트리룸(PTRM)'. 2023년 12월, '이현재' 시인의 〈바람의 길목〉을 바탕으로 만든 〈빛을 불러〉를 보컬 'Rezina(레지나)'와 함께 새롭게 선보이며, 그동안의 발자취를 정규앨범에 함께 담았다.

빛을 불러 Monologue (Intro)2
빛을 불러 (feat.Rezina(레지나)) (Title)Lyrics by 이현재